www.tredition.de

AF177397

Manuel Mendez Fracci

V3RST4ND M1T H3RZ

Ein Kampf der kognitiven Komponenten

© 2021 Manuel Mendez Fracci

Verlag und Druck:
tredition GmbH, Halenreie 40-44, 22359 Hamburg

ISBN
Paperback: 978-3-347-37691-5
Hardcover: 978-3-347-37692-2
e-Book: 978-3-347-37693-9

V3RST4ND M1T H3RZ

Vorwort

In unserer Gesellschaft können wir viele Wesen und auch Mechanismen oder andere Arten von Leben betrachten, welche ein Herz haben. Unser Herz ist die wichtigste Komponente in unserem System. Ohne diese können wir nicht nur physisch sondern auch psychisch diverse Prozesse nicht ordnungsgemäß bewältigen. Es unterscheidet uns von monotonen Robotern, welche keine Seele haben und somit auch keine emotionalen Entscheidungen treffen können. Es wird immer wichtiger den Unterschied zwischen Menschlichkeit und Technologie zu unterscheiden. Die Zeit ist gekommen in der wir bereits mit Gadgets zusammenleben und diese werden bald das nächste Level erreichen. Hierbei ist es unerlässlich, dass wir als Menschen ebenfalls unsere Fähigkeiten erweitern und ein perfektes Zusammenspiel unseres Energiesystems und unseres Kontrollsystems herstellen.

Ein Herz ist wie ein Motor und bestimmt unsere Energien. Wir füttern unser Herz mit Energien, welche wir meistens durch andere oder aus uns selber schöpfen. Wir errichten eine eigene Frequenz mit der wir anderen in einen Bann ziehen können oder durch anderen in einen Bann gezogen werden können.

Frequenzen & Tonwelt

Wir sind mit der Erde durch die Schumannfrequenz verbunden und durchlaufen im Unterbewusstsein diverse Synergie. Viele berichten davon, dass Frequenzen uns heilen können oder aber uns eine klare Schwingung verleihen, sodass wir leistungsfähiger oder sogar mental stärker werden können. Durch binaurale Beats können wir in eine Frequenz eintauchen die von der normalen Frequenzphase in die Alpha, Beta, Gamma oder Deltaphase führt. Hierdurch kann ein hohes Bewusstsein oder der Tiefschlaf eingeleitet oder begünstigt werden.

Wir interagieren mit unseren Umfeldschwingungen und absorbieren diese auch unbewusst.

Es ist wohl bekannt, dass klassische Musik oft Kreativität begünstigt.

Weiterhin löst zum Beispiel Heavy Metall aggressivere Stimmungen aus.

Wir Menschen sind auch dazu in der Lage unseren Körper durch verschiedene Klänge in einen bestimmten Status zu versetzen. In manchen Kulturen werden verschiedene Zustände durch Chakren erklärt.

Wir Menschen können unsere Sprache und unsere Stimme nutzen um diverse Frequenzen auszusenden und unseren Mitmenschen Gefühle oder unseren Gemütszustand wiederzugeben. Wir sind Wunder der Frequenzen. Unsere Herzfrequenz ist das blühende Beispiel dafür, wie wichtig Frequenzen auf der Welt sind. Unser Herz schlägt im Sinusrhytmus und verleiht unserem Organismus, unserem Verstand und unserer Seele leben. Meister der Frequenzen sind Wale oder Delfine. Dies wird durch die hohe Frequenzdichte der Töne und durch die Leitfähigkeit von Wasser begünstigt. Hierbei werden Frequenzen über Meter und Kilometer an Artgenossen weitergeleitet. Die natürliche Kommunikation dieser Lebewesen ist immens. Wir als Menschen mussten mehr unseren Verstand benutzen und die Kommunikationstechnologie erweitern um ein solches Spektrum zu erreichen.

Energie

Jeder möchte natürlich soviel Energie wie möglich. Doch wie funktioniert das und wer steuert diese Prozesse?

Es ist unser Verstand und unsere innere Einstellung, welche den Weg in eine harmonisierte und für unser Spektrum akzeptable Energiedichte ebnet. Unser Kontrollsystem des Verstandes kann dies möglich machen. Wir müssen hierbei unsere Frequenzen, welche wir aussenden und empfangen ebenfalls checken, analysieren und kontrollieren.

Es ist oft der Kampf von Kontrollsystem gegen das Energiesystem.

Doch wieso haben wir diesen Kampf und oftmals keinen Frieden mit uns selbst? Löst dieser Kampf Stress aus?

Ist der Kampf von Energiesystem und Kontrollsystem für ein stetiges Wachstum und einen eigenen Antrieb notwendig?

Wachsen diejenigen die zu zufrieden mit ihrem System sind nicht weiter, weil sie aufhören an sich selbst zu arbeiten und sich zu verbessern?

Wieso haben wir ein destruktives Bewusstsein und oft kein harmonisiertes?

Man kann viele Kinder, Jugendliche und auch Erwachsene beobachten und es ist erschreckend wie die heutige Wende unsere tatsächlichen Kapazitäten auslaugt.

Der Kampf zwischen Herz und Verstand

Wir alle kennen es nur zu gut. Unser Herz will es nicht aber unser Verstand sagt, dass es notwendig ist.

Wir alle kennen es nur zu gut. Unser Verstand sagt, dass es nicht notwendig ist aber unser Herz lechzt trotzdem danach.

Niemand kann nur auf den Verstand oder nur auf sein Herz hören. Viele beschreiben dies auch als inneres Bauchgefühl, welches ihnen sagt, dass etwas nicht in Ordnung ist oder, ob man eben ein mulmiges Gefühl hat. Bei manchen Entscheidungen, die man trefffen muss oder bei bestimmten Aktionen ist dies besonders ausschlaggebend.

Wir haben soviel in unserem Verstand und können uns norma-lerweise frei entfalten, doch oft hindert uns ein bestimmtes Ge-fühl oder unsere eigene Einstellung daran, dies auch in die Tat umzusetzen.

Es ist wie ein Schleier, der nicht vergeht und uns nicht hell in voller Fülle leuchten lässt.

Unser Verstand gibt die Signale doch unser Herz vermag eine ganz andere Rolle zu spielen.

Die Leidenschaft, die wir haben, ist wie Öl für unseren Motor. Jede Leidenschaft welche wir mit unseren Einstellungen und mit unseren Aktionen verbinden, lässt uns sprießen vor Syner-gie.

Rationale Erweiterung

Dies ist primär die Verstandsexpression, womit wir viele Dinge oft im Voraus planen oder mit einem kühlen Kopf ent-scheiden.

Wir fügen Erinnerungen und unsere Lebenseinstellung zu ei-ner Hintergrundentscheidung und lassen temporäre Sinnes-eindrücke eine Gesamtentscheidung treffen.

Fallbeispiel

Ein Mann lässt sich von seiner Ehefrau scheiden. Er merkt, dass er sie liebt doch seine Frau bereichert ihn nicht, da sie nicht viel verdient und er sich im Leben etwas anderes vorgestellt hat.

Hierbei denkt der Mann eher rational und hat eher materielle als emotionale Ziele. Dies ist nicht schlimm, da jeder ein anderes Ziel vor Augen hat und auch bestreben sollte. Andersherum kollidieren hierbei zwei verschiedene Ziele, sodass die Menschen sich gegenseitig aufhalten oder sogar zerstören.

Mit der Zeit werden die Beziehungen zwischen Menschen immer komplexer, da unser Großhirn auch immer mehr gefordert wird. Wir leben in einer Zeit in der wir sehr vielen Sinneseindrücken unterliegen, sodass unsere Erwartungshaltung und unser Verstand sehr fordernd geworden ist.

Vor einigen Jahren war dies nicht der Fall. Es gab zum Beispiel viel mehr Beziehungen die bis in die Ewigkeit hielten, weil man eben seine Ziele gemeinsam als Paar gesetzt hat und nicht losgelöst viele Ziele alleine durchgesetzt hat.

Man kann die rationale Ebene erweitern, indem man sich seine Ziele klar vor Augen hält und diese möglicherweise als Liste in sein Tagebuch einträgt oder eine To-Do Liste anlegt.

Hierdurch bekommt man ein klares Bild seiner eigenen gewünschten Zukunft. Weiterhin kann man dadurch mehrere Konflikte bereits im Vorfeld vermeiden oder ausmerzen.

Durch Mindmaps kann man sich diese Ziele mit klarer Struktur näherbringen. Es hilft ebenfalls sich selbst öfter zu fragen, was man in welchem Lebensabschnitt erreichen oder produktiver gestalten möchte.

Es gibt auch diverse Applikationen auf dem Smartphone, die dich dabei unterstützen und man hierbei Ziele mit einem Zeitmanagement zu setzen.

Oft wird Rationalität mit Effizienz verunden. Wir alle möchten unsere Zeit und unser Leben am besten so effizient wie möglich gestalten.

Emotionale Erweiterung

Die emotionale Ebene ist ziemlich komplex. Sie kann oftmals auch nicht gesteuert werden. Wir entscheiden einfach aus unseren Herzen heraus, inwiefern wir bestimmte Situationen eingliedern oder bestimmte Entscheidungen treffen.

Oft ist es so, dass für Außenstehende Personen solche emotionalen Entscheidungen nicht nachvollzogen werden können, da sich diese auf Bindungen oder Beziehungen berufen.

Einen Ausbau der sozialen Ebene kann man durch erweiterte soziale Kontakte oder durch Aktivitäten mit Familie, Freunde und Verwandten durchführen. Hierbei erhält man diverse „Vibes" und kann die Engerien absorbieren oder erweitern und weiterleiten.

Fallbeispiel

Eine Frau hat einen sehr lieben und fürsorglichen Mann. Er macht alles für sie und er würde sie nie verletzen. Leider ist dieser Mann nicht sehr aktiv und sitzt des Öfteren nur vor dem Fernsehn. Die Frau sehnt sich nach einem aktiveren Mann. Sie versucht ihn zu motivieren, womit sie kläglich scheitert. Die Frau entschließt sich, bei dem Mann zu bleiben auch wenn dieser nicht so aktiv erscheint. Sie weiß ihn und seine bedingungslose Liebe auf einer emotionalen Ebene zu schätzen, obwohl sie gerne mehr Aktivität hätte. Die positiven nicht rational begreifbaren Seiten überwiegen hierbei. Die Frau entschließt sich dazu, dass sie dann eben mehr mit ihren Freunden unternimmt.

Es ist immer gut sich die positiven Seiten eines Lebewesens oder einer Person vor Augen zu halten und an diesen auch festzuhalten.

Unsere Lieblingsbeschäftigung ist es oft in verschiedenen Situationen oder im Alltag Dinge oder Lebewesen zu analysieren. Wir achten auf alle Details und möchten am liebsten alles sofort wissen. Oftmals schaut man jedoch hierbei zu sehr auf die negativen als auf die positiven Aspekte.

Um für sich selbst und für sein Umfeld die schönste Atmosphäre zu erfassen, ist es unerlässlich sich auf die guten Sachen zu fokussieren. Oftmals muss man demnach über seinen Schatten springen und möglicherweise abwägen inwiefern das Gute oder das Schlechte überwiegt. Jeder hat einen anderen Maßstab und nimmt die Gegebenheiten anders wahr.

Natürlich hat jeder Mensch auch negative Eigenschaften oder Eigenschaften, die einem nicht so zusagen, wie andere Eigenschaften.

Doch unsere emotionale Seite zeigt uns oft, wie glücklich uns bereits kleine Eigenschaften machen und diese unsere Wahrnehmung erreichen sowie bereichern.

Man sagt hierbei als Außenstehender oft:

„Hör auf dein Herz."

Dies kann nur das Individuum für sich selber entscheiden. Doch gewiss sollte man seinen Verstand hierbei nicht komplett ausblenden, da manche Schritte notwendig sind um einen klaren Rhythmus des Lebens zu erreichen.

Unser emotionales Bewusstsein können wir durch Reflektion verbessern. Wir können uns Verhaltensmuster und Eigenschaften von Lebewesen und Personen bewusst anschauen und analysieren. Am besten schreibt man sich wie in einem Freundebuch auf, was man an einer Person besonders mag und was man eben nicht mag. Eine audio-visuelle Analyse ist hier am hilfreichsten für unser kognitives memory Gedächtnis. Im zweiten Schritt kann man sogar die Personen konfrontieren und ihnen klar machen, worin sie jemanden bereichern und worin eben nicht. Hierbei sollte man natürlich die Gefühle der jeweiligen Person beachten und mehr das Herz als den Verstand benutzen.

Vielen Personen fehlt die Reflektion und das Feedback von der inneren sowie von der äußeren Welt. Wir führen zu oft Aktionen, Reaktionen und Entscheidungen aus, ohne diese zu reflektieren. Uns wurde eingetrichtert, dass ein Spiegel unser Selbst reflektieren kann. Dies ist völlig verkehrt. Reflektion fängt da an, wo uns andere ein direktes Feedback durch Aktionen oder Reaktionen geben. Es fängt an dem Zeitpunkt an, an dem du deinen eigenen Verstand anstatt dein Aussehen reflektierst. Heutzutage wird leider zu oft das Aussehen in den Vordergrund gestellt. Dies geschieht oft auch extra zum Vorteil des Profits durch Riesenkonzerne, welche unser tägliches Leben durch Markenklamotten, Markenautos, Markenlebensmittel und durch gespielte Verhaltesmuster der Stars oder durch Models beeinflussen. Eine freie Entfaltung des Selbst wird sehr oft vernachlässigt. Viele wollen so sein, wie andere und merken nicht, dass man selbst ein bereits perfektes Lebewesen ist. Wir brauchen bedigungslos Menschen, die ihre Individualität ausleben. Nur so kann eine Welt funktionieren, weil hierdurch immer neue Impulse und Synergien geschaffen werden.

Menschen, die anders sind oder eine andere Denkweise haben, werden schon früh in der Grundschule oder aber bereits im Kindergarten in die „normale" Form gebogen. Individualismus wird erst dann gerne gesehen, wenn man sich dem System unterworfen hat und sich gefügig gemacht hat.

Doch oft vergisst das System, dass wir es sind, welche es aufrecht erhalten. Wir sind die Kraft, welche es stetig durch neue und stärkere Impulse zum wachsen bringt.

Wir sind die Kraft, die zusammenhält und unsere Zukunft für die nächsten Generationen erbaut. Hierbei braucht man Individualismus durch die schnelle Anpassung unser immer verändernden Welt.

Ein Architekt alleine vermag es ein perfektes Gebäude zu errichten. Doch viele Architekten zusammen, erbauen eine wundervolle Stadt. Genau so ist es mit der Welt; viele Menschen, die in Synergie und nicht in Materialismus investieren, erbauen die schönste Welt, die man hätte erbauen können.

Glücksgefühle

Jeder möchte ausnahmslos in Glück schwimmen. Glücklich sein ist oft das Ziel des Lebens.

Doch was ist wirklich Glück?

Für die einen ist Glück bereits ein Dach über den Kopf zu haben oder ein Brot in der Hand zu halten.

Für andere ist Glück, einen Ferrari zu besitzen und in einer Villa zu hausen.

Inwiefern man glücklich ist, entscheiden wir selber durch unseren Verstand und durch unser Herz. Oft ist es auch die Gesellschaftsform oder die Community in welcher wir leben. Sie drängt uns möglicherweise auch in eine Richtung, die wir nicht möchten oder sogar für uns viel zu komplex ist. Viele sind auch mit weniger zufrieden, als es das Umfeld ausstrahlt.

Den Maßstab definierst DU mit allen Konsequenzen für dein Leben alleine.

Man kann sich für sein Maßstab an Glück komplett auslaugen und in den Ruin stürzen oder man kann wie ein König mit fast nichts leben. Es ist die Kunst sein Herz und sein Verstand auf die wesentlichen Dinge zu lenken.

Durch Dankbarkeit, Reflektion, Vergleiche und Selbstdefinition kommen wir unserem Glück näher.

Wir leben in einer Welt in der man sich Glücksgefühle schnell durch *social media* oft auch kostenlos besorgen kann.

Man bekommt *Likes* für ein Bild oder Abonnenten und im Anschluss tritt ein Gefühl der Zufriedenheit ein. Andere teilen deinen *Content* oder feiern diesen und du schwebst in einem virtuellen Glückgefühl.

Durch die schnelle Verfügbarkeit von programmierten Glückgefühlen, die dich in sekundenschnelle erreichen können, geht eine gewisse Abhägigkeit einher.

Wir werden süchtig nach einer schnellen Zufriedenheit und möchten immer mehr hiervon.

Es stumpfen die natürlichen Glückhormone und vorallem das Bewusstsein für die normalen Prozesse ab bzw. desensibilisiert gewisse natürliche Prozesse. Hierzu gibt es bereits diverse Studien, die dies belegen.

Das Internet hat uns verändert. Eine Veränderung, die sowohl sehr viele gute als auch schlechte Aspekte mit sich führt.

Oft weiß man garnicht mehr, dass ein normales „Hallo" vom Nachbarn oder ein nettes Kompliment - an eine Person gerichtet - ebenfalls Glückhormone auslösen kann.

Immer mehr Menschen laufen mit dem Kopf gesenkt auf ihr Handy starrend herum und nehmen die Außenwelt nicht mehr so wahr, wie vor einigen Jahren, da die virtuelle Welt schnellere und produktivere Glücksgefühle liefert. Uns werden gewisse Impressionen sofort und auf Anhieb präsentiert.

Videospiele und andere virtuell basierte Erfindungen unterstützen dies natürlich und binden uns immer mehr an eine unnatürliche Form der virtuellen Sozialisierung.

Mit einer virtuellen Kommunikation täuschen wir uns oft selbst, da sie uns soviele Interaktionen vorenthält und wir soviel natürliche Kommunikation hierfür immer mehr aufgeben.

Aktionen die zu mehr Glücksgefühlen führen:

-   Halte einer unbekannten Person die Tür auf und zeige dieser deine Wertschätzung.
-   Lasse eine Person in einer Warteschlange vor und zeige ihr Nächstenliebe.
-   Sag einer Person, mit der du aus einer Dienstleistungpflicht heraus telefonierst, danke für den Service und sehe dies nicht als selbstverständlich an.
-   Nehme deine Liebsten öfter in den Arm, denn Umarmungen lösen biochemische Glückgefühle aus, die keine virtuelle Form derzeit erreicht.

- Sei dir, deinem Eigentum und deiner erreichten Ziele bewusst. Sage dir selber und auch deiner Glaubensphilosophie „danke", „danke" für alle Sachen, Momente, die du bereits hast und auch hattest. Wir wollen immer mehr und beachten oft garnicht wieviel uns bereits geschenkt und gegeben wurde. Auf der anderen Seite der Welt leiden manche Menschen an Hunger während andere Menschen leiden, weil sie nicht das neuste Iphone besitzen. Oftmals frage ich mich hierbei wie wir auf der einen Seite glücklich sein können, während auf der anderen Seite nur Leid herrscht. Manche werden es erst realisieren, wenn diese unmittelbar betroffen sind. Erst wenn es soweit kommt, dass auch die Reichen oder die Mittelreichen die Welt in einem anderen Spektrum erleben, wird die Welt sich möglicherweise ändern.

- Hast du Essen im Überfluss und überlegst die Reste wegzuwerfen, da diese keiner isst? So denke an die Nachbarschaft und bringe möglicherweise eine nette Lieferung vorbei.

- Vorfahrt gewähren. Simpel, aber manche freut es, wenn sie zuerst fahren können.

- Teile deine positiven Erfahrungen mit anderen, sodass diese möglicherweise durch die gleichen oder ähnlichen Erfahrungen bereichert werden.

Das Empfangen (Nehmen)

Ein Glas Wasser empfangen.

Ein Stück Kuchen empfangen.

Ruhe empfangen.

Glücksgefühle empfangen.

Ein Kuss empfangen.

Eine Umarmung empfangen.

Eine Auszeit empfangen.

Eine Information empfangen.

Ja, wir empfangen gerne. Mit Empfangen ist das Nehmen gemeint. Wir lieben es zu empfangen. Unser Leben besteht sehr viel aus Empfangen. Wir empfangen Signale, Dinge, Erlebnisse mit Verstand und mit Herz. Uns wird durch andere geholfen, mehr und mehr zu empfangen. Wir empfangen als einzelne Person, als Gemeinschaft, als Kollektiv, als Freunde oder als Familie.

Es bereichert uns zu empfangen und löst verschiedene Glücksgefühle in uns aus.

Gemeinsam eine Sache oder eine Erfahrung zu empfangen löst ebenfalls erhöhte Zufriedenheit aus. Empfangen wird oft damit assoziiert, dass man bereichert wird, welches nur bedingt richtig ist, denn man kann natürlich auch Dinge empfangen welche man nicht unbedingt durch den Verstand oder durch das Hören auf sein Herz empfangen möchte.

Das Aussenden (Geben)

Ein Glas Wasser aussenden.

Ein Stück Kuchen aussenden.

Ruhe aussenden.

Glückgefühle aussenden.

Ein Kuss aussenden.

Eine Umarmung aussenden.

Eine Auszeit aussenden.

Das Aussenden wird oft als Geben, Teilen oder Spendieren synonimisiert.

Das Aussenden reicht anderen etwas und verlangt nichts im Gegenzug.

Es wird oft vernachlässigt, dass uns das Geben manchmal sogar mehr bereichern kann als das Nehmen.

Wir geben oft mit Herzen und lösen eine ganze Reihe an Glückgefühlen aus. Es ist nicht nur Fakt, dass jemand an dich denkt.

Es ist eine Art Wertschätzung, die eine andere Person glücklich macht. Gaben des Herzens berühren auch das Herz der Anderen. Hier unterscheiden sich oft virtuelle und reale Glückprozesse voneinander. Denn reale Gaben fühlen wir sehr stark mit dem Herzen und sie machen uns über sehr lange Zeit hinweg glücklich. Unsere Erinnerung an diese sind oft sehr lang und sehr schön, obwohl sie manchmal nur Kleinigkeiten abverlangen.

Kleinigkeiten wie einem kleinen Kind seine Lieblingskartensammlungen zu kaufen oder seine Lieblingsbonbons. Die kleinen Dinge werden wir oft nie vergessen, denn es zählt hierbei nicht nur das Aussenden an sich sondern auch der Grund, warum man etwas aussendet und welche Person oder welches Lebewesen dies tut. Das Aussenden (Geben) passiert des Öfteren aus dem Herzen - aus Nächstenliebe.

Doch leider denkt man möglicherweise oft:

„Hmm, wenn ich etwas abgebe, habe ich dann nicht weniger?"

Oder:

„Wenn ich dieser Person eine Umarmung gebe, muss ich dann jedem neben dieser Person eine Umarmung geben? Kommt die Umarmung dann noch von Herzen?"

Wir machen uns manchmal das Leben selber schwer, indem wir zuviel nachdenken und nicht unserem Bauchgefühl vertrauen.

Geben wird oft damit assoziiert, dass man etwas verlieren könnte. Es wird oft zu verkompliziert. Beim Nehmen ist dies anders, hierbei wird in der Regel halb soviel nachgedacht, wie beim Aussenden. Doch man sagt oft; Alles was man gibt, kommt doppelt oder sogar dreifach zurück.

In Wirklichkeit ist das Geben die Meisterdiziplin des Lebens. Denn es wird mehr genommen als gegeben. Der Natur wird zum Beispiel sehr viel genommen und nicht viel gegeben, sodass diese mit und mit zerstört wird. Wir laugen unsere Quelle des Lebens aus und missbrauchen diese, anstatt Dankbarkeit zu zeigen und unsere Quelle immer weiter und schöner sprießen zu lassen.

Wir verbrennen Bäume ohne genügend nachwachsen zu lassen.

Wir benutzen sauberes Wasser ohne dies genügend wieder sauber zu hinterlassen oder dies ausreichend zu säubern.

Viele Menschen benutzen die Natur zur Müllentsorgung, wenn sie unterwegs sind, obwohl es ausreichend Mülleimer in der Umgebung gibt.

Wir nehmen Tieren den Lebensraum ohne den nötigen Lebensraum wieder herzustellen.

Wir fischen im großen Stil ohne den Fischen eine Erholzeit zu geben.

So geschieht es auch mit unserem sozialen System. Wenn immer nur genommen wird, von den Bürgern, oder die Bilanz zwischen geben und nehmen vom Staat zu sehr ins Schwanken gerät, wird den Bürgern irgendwann bewusst, dass dies keinen Sinn ergibt. Es führt zu Streiks, Protesten und letzendlich zu einem Widerstand.

Im kleinen Stil ist dies in unseren Körpern ebenfalls der Fall. Wir fühlen mit unserem Herzen wer uns gut tut und wer nicht. Oft ist dies schon dadurch zu erkennen, dass man sich anschaut, wer nur von dir etwas nimmt oder einen Nutzen durch dich erzielt oder wer dir hilft und dir etwas Aussendet, wodurch er keinen Nutzen erhält.

Unbewusst distanziert sich jedes Lebewesen von denen, die nur nehmen und nicht geben, sodass sich viele immer mehr isolieren, obwohl das Geben eigentlich eine sehr leichte und erlernbare Angelegenheit ist.

Es verlangt oft nicht viel und Dankbarkeit im Umkehrschluss zu erhalten löst viele Neurotransmitter aus und bringt uns eine gewissen Zufriedenheit.

Die Welt ist sehr rational anstatt emotional geprägt, sodass oft nur Entscheidungen mit dem Kopf stattfinden und eine erweiterte Entscheidung mit dem Herzen nur für den aller kleinsten Kreise in Frage kommt.

Interaktionen und das Gemeinschaftsleben werden hierdurch immer stumpfer. Der einzige Rückzugsort, der für zuviele in Frage kommt ist das Internet. Der Ort, an dem viele sehr anonym sind und eine Scheinwelt errichten können. Leider ist das nur nie der Wahrheit entsprechend und macht die Nutzer nur zu einem gewissen Punkt glücklich, bis sie wieder in ihrer Realität gefangen sind.

Doch wir selber können den Kampf des Herzens mit Verstand zur Aufgabe machen. Wir können wunderbar unser Herz öffnen, anstatt es immer mehr zu verschließen und zu verdunkeln.

Wir können strahlen und andere strahlen lassen, denn das ist wozu unser Herz in Kombination mit unserem Verstand in der Lage ist. Wir können Wege finden anderen etwas zu geben und andere hierfür wieder zu resensibilisieren.

Viele Menschen werden leider durch das heutige System unbewusst krank. Sie versinken in Depression, Traurigkeit, Unzufriedenheit und vieles mehr.

Doch diese Personen sind oft mit guter Seele geboren, nur wurde von ihnen stets mehr genommen als ihnen gegeben wurde.

Sie wissen Gaben oft sehr zu schätzen und haben einen sensiblen Maßstab hierfür.

Herz vs. Verstand - Umgang im Alltag

Wir haben oft Situationen und Entscheidungen zu treffen, welche unser Leben bewusst in eine Richtung lenken. Oft schaut man über Sachen hinweg, was eine andere Person macht oder sagt, sofern dies nicht mit seinen eigenen Interessen übereinstimmt. Man spricht oft von „for the greater good" bzw. vom besseren Gemeinwohl. Hierbei benutzen wir unser Herz. Wir wissen, egal wie verrückt oder wie kurios eine Sache uns erscheint, unser Herz sagt des Öfteren das dies doch nur menschlich sei.

Wir verstehen das komplexe Zusammenspiel von Herz mit Verstand, sodass wir vielen Sachen und Gegebenheiten vergeben oder sie sogar bewusst laufen lassen.

Oftmals wissen wir genau, dass die Quelle der Perfektion in der Inperfektion liegt.

Jeder kennt den Ausdruck: „einen kühlen Kopf bewahren". Hieraus resultiert ebenfalls der Kampf von Verstand mit Herz. Oft wissen wir eine Sache genau, doch wollen beispielsweise die Situation oder die Gegebenheiten nicht stören bzw. eskalieren lassen.

Fallbeispiele

1.

Sina weiß genau, dass ihre Freundin immer verschiedene Wörter falsch sagt. Sie weiß das ihre Freundin nicht dumm ist und dass es eher eine automatisierte Fehlaussprache ist. Sina verbessert ihre Freundin im Gespräch nicht, da sie genau weiß, dass dies zum Ende des Gespräches führt. Ihre Freundin hasst Besserwisser. Aus dem Herzen heraus entscheidet Sina lieber das Gespräch weiter zu führen anstatt den Moralapostel zu spielen, da sie ihre Freundin ohnehin schon blind versteht.

2.

Klaus regt sich andauernd über seinen Vater auf, welcher immer falsche Pronomen benutzt. Er geht sogar soweit, dass er seinen Vater mit den richtigen Pronomen anschreit. Klaus Vater ist entsetzt, dass er von seinem Sohn wegen so etwas angeschrien wird und weint des Öfteren, wenn sein Sohn ihn so behandelt. Klaus meint es zwar nur gut, aber er versteht nicht, dass er mit seinem Verhalten seinem Vater mehr schadet als es gut tut.

Manchmal ist es eben besser, wenn man über verschiedene Sachen hinweg schaut.

3.

Melanie ist Fitnesstrainerin und hat einen neuen Kunden in ein neues Trainingsprogramm eingeführt. Der Kunde hat leider immer ein zu kurzes T-Shirt an, sodass man seinen Bauchansatz bei verschiedenen Übungen sieht. Melanie weiß genau, dass sowohl das aufmerksam machen als auch die Blicke der anderen peinlich sind. Melanie sagt es dem Kunden aus Anstand nicht, da sie ihn möglicherweise verletzen könnte. Melanie bezieht ihr Herz in die kommunikative Entscheidung ein, sodass der Kunde möglicherweise von einer anderen Person, welche ihm näher steht darauf hingewiesen werden kann und eine Kollision vermieden werden kann.

4.

Peter und Maria sind schon seit längerer Zeit verheiratet. Peter zieht gerne karierte Hemden an. Maria hasst es und würde die Hemden am liebsten verbrennen. Sie hält sich zurück, weil sie ganz genau weiß, dass ihr Mann die Hemden über alles liebt und nichts anderes anzieht.

Oft geht es garnicht darum, die schlausten Entscheidungen oder die effizientesten Enscheidungen im Leben zu treffen. Es ist stetig ein Spiel zwischen Herz und Verstand. Es ist so komplex und doch so einfach sowie kurios. Unser Verstand und unsere Herzen sind fantastisch und ergeben soviele Variationen des Bewusstseins. Jeder Kampf zwischen unseren Komponenten löst verschiedene „Pathways" (Wege) und Ziele aus.

Es ist so unglaublich Interessant, wie sehr wir selber unser kongnitiven Fähigkeiten nutzen können, um wieder andere dafür zu begeistern oder zu bereichern.

Millisekunden sind wie die Brücke unserer Gedanken, welche die Wirklichkeit mit allen Konsequenzen formen. Wir selber sind dazu in der Lage, dass andere unser Herz oder unseren Verstand fühlen können. Nicht wie vielleicht viele annehmen physisch zu fühlen. Hierbei geht es mehr um eine bestimmte Lenkung der Gefühle oder des Gemütszustandes.

Jeder kennt es, wenn man in ein tiefes Loch fällt. All die Leere und die Zweifel. All die Depression und die Trauer. Wir alle kennen es. Es ist menschlich Tief und Hoch abwechselnd zu erleben. Oft sind diese auch über längere Zeit andauernd.

Doch wir kennen auch alle das Gefühl ein Tief überwunden zu haben oder endlich in ein Hoch einzutauchen. Das Leben ist wie ein Gebirge und oft fehlt uns einfach nur der richtige Weg heraus oder hinein.

Oft machen wir den richtigen Weg von anderen abhägig und denken das die Herzen anderer uns wieder glücklich machen. Man denkt, es kommt der eine Mensch der dich aus dem Tief wieder rausholt und in das ersehnte Hoch anstößt bzw. mitnimmt. Andersherum denkt man, dass man diesen einen Menschen gefunden hat, welcher dich ewig in dem glücklichen Hoch der Gefühle und des Glücklichseins bei sich hat. Wir verlassen uns oft auf Personen oder Lebewesen bedingungslos und vergessen, dass unser Verstand und das eigene Herz die eigentliche Kraft des Glücklichseins ist. Nur wir selber, erst dann kommen andere. Wer sich nicht selbst liebt und schätzt wird es auch bei anderen nur halb so gut können.

Keiner baut ein Haus ohne Fundament. DU bist das Fundament des Lebens und erbaust dein eigenes Leben hierauf.

Wir müssen uns selber aus jedem Tief hinaus befördern und in jedes Hoch eintauchen. Dies durch andere zu schaffen ist zwar eines der schönsten Erlebnisse, doch dürfen wir nie unsere Selbstheilung und unsere Selbstständigkeit unterschätzen.

Unser Motor vermag es, jedem Sturm und jeder Wucht standzuhalten.

Gekoppelt mit unserem Verstand können wir den Weg in jede Richtung *upside* und *downside* erreichen. Viele sprechen auch von einem „as above so below" (oben so wie unten). Einzig und alleine kommt es auf deine Einstellung an. Es sind die Kämpfe, die das Herz mit dem Verstand führt.

Wir müssen soviel mehr auf unsere Emotionen und auf unsere Gefühle achten.

Heutzutage sind nicht ohne Grund sehr viele Menschen unzufrieden. Wir haben oft vergessen auf unser Herz oder auf unseren Verstand zu hören. Oftmals ist auch die Verbindung durch diese Komponenten gestört. Wir sind durch Erlebnisse oder Erfahrungen gehemmt. Hierdurch sind die richtigen oder die uns gut tuenden Möglichkeiten oft nur noch verschwommen im Alltag zu erkennen.

Wir dürfen das aber nie zulassen!

Herz und Verstand müssen immer in einem klaren Zustand entscheiden. Dies ist essentiell, denn es gibt keine Situation, die nicht durch dessen Komponenten verarbeitet wird.

Herzensmenschen

Ihre Stärke ist Emotionalität. Oft sind diese Menschen sehr sozial und streben ein umfassendes soziales Leben an. Mit vielen Freunden und mit viel Familie. Soziale Kontakte bereichern diese Art von Menschen. Sie sind sehr pulsierend und verbreiten oft gute Laune. Empathie wird hierbei groß geschrieben. Meistens wollen diese Menschen es allen recht machen. Sie wollen den Mitmenschen ein Gefühl des Glücks geben. Sie möchten helfen, mit anpacken und den Menschen einen Mehrwert bieten.

Verstandsmenschen

Ihre Stärke ist Rationalität. Sie kommen oft kühler oder härter rüber, als wären sie im volkommenen Gleichgewicht oder in einem überlegenen Status. Sie sind sehr analysierend und bewertend.

Sie wollen andere Menschen mit Fakten und dem was man gelernt hat imponieren oder die reine Information weitergeben. Oftmals werden hierbei Emotionen und Gefühle nicht beachtet.

Verstandsmenschen sind sehr auf die eigentliche Information basiert.

Da wir Menschen nicht monoton sind, haben wir verschiedene Ausprägungen der oben genannten Variationen. Wir können sowohl mit mehr Verstand als auch mit mehr Herz ausgeprägt sein.

Viele Menschen können zum Beispiel nicht all zu große Komplexitäten verstehen und haben eine geringere rationale Kompetenz.

Sie sind hierbei ganz und garnicht dumm sondern haben lediglich eine andere Ausprägung des Bewusstseins.

Soziale Intelligenz geht oft mit einem guten Herzen einher. Denn nur der Mensch welcher versteht wie soziale Komplexitäten funktionieren, dem fällt es leicht diese zu erkennen und zu verstehen.

Hierbei kann man oft beobachten, dass manche mit einer hohen sozialen Kompetenz die rationale Denkweise fehlt oder auch andersherum.

Doch auch hierbei gibt es Ausnahmen. Manche sind richtige Alleskönner und können beide Bereiche hervorragend meistern. Genau hierum geht es.

Wir alle sind dazu in der Lage sowohl unsere rationale als auch unsere emotionale Seite zu triggern (auszulösen) oder zu sensibilisieren.

Man sagt oft, dass Frauen die sozialeren Fähigkeiten haben und das Männer eher die rationaleren Wesen sind.

Dies ist nur bedingt richtig und natürlich ist dies auch von den verschiedenen Hormonen, die eine Person hat, abhängig, da sie Menschen in eine bestimmte Richtung lenken.

Dennoch sind wir dazu in der Lage, mit unserem Herz und Verstand bestimmte Richtungen zu kalibrieren und ein besseres Selbst zu erstellen.

„DU kannst alles sein, was DU sein möchtest!"

Wer nach diesem Motto lebt, wird schnell merken, dass man all sein Schubladendenken aufschlüsseln kann.

Der Tunnelblick wird zum Panoramablick und nun steht man dort und sieht das komplette Meisterwerk des Seins. Man hat den Blick für viele Sachen nur erlernt anstatt richtig hinzuschauen.

Es ist hierbei auch wichtig zu sagen, dass das menschliche Auge von seiner Umgebung sehr wenig wahrnimmt im Vergleich dazu, was wirklich stattfindet.

Das menschliche Auge kann weniger als 5% der Umgebung tatsächlich wahrnehmen. Wir sehen nur die Oberfläche und denken wir sind Alleskönner. Viele Tiere können das 20x Fache sehen, was unsere Augen sehen können. Weiterhin hören sie vielmehr als wir jemals hören können. Bei unserem Verstand sprechen manche Kulturen von einem dritten Auge, welches unsere Intuition und unseren Verstand bzw. die klare Sichtweise und das eigentliche Denkzentrum wiederspiegeln soll. Anders als das gesamte Gehirn soll das dritte Auge die Klarheit des Hypothalamus verdeutlichen. Es gibt ganze Religionen oder Weisheiten, welche die Wirkung des dritten Auges bestätigen. Leider wird unser „drittes Auge" in der heutigen Zeit sehr missbraucht. Durch geringe Mengen an Jod wird die Denkkraft gehemmt oder durch zuviel Fluorid und weitere Halogene wie Chlor werden die Mechanismen blockiert. Die Balance der Elemente ist oft in einem massiven Ungleichgewicht. Inwiefern Halogene tatsächlichen Einfluss auf unseren Verstand haben, wird derzeit in vielen Studien erforscht. Dieses Thema wird uns in der Zukunft noch sehr spannend erscheinen, da wir mit stetigem Informationsfluss unseren Verstand auch bestmöglich ausrüsten möchten.

Das „Biohacking" oder „Bioengineering" wird uns noch in der Zukunft mit einem hohen Stellenwert begleiten.

Wer richtig hinschaut, wird sogar ein zweites Mal schauen und sich folgendes fragen:

Denken

Denke ich richtig?

Fühle ich richtig?

Was ist überhaupt richtig und falsch?

Wie habe ich gelernt zu denken?

Denke ich eintönig oder komplex?

Ist eintöniges Denken, dass man verschiedene Sachen im Schubladendenken verweilen lässt?

Ist komplexes Denken gut oder macht uns ein komplexes und zuvieles Nachdenken verrückt?

Herz (fühlen)

Fühlen wir mit dem Herzen?

Dürfen wir alles fühlen? Jedes Leid und jeden Schmerz?

Brauchen wir einen Schutz, um nicht die ganze Welt zu fühlen?

Schadet es uns, wenn wir mit dem Herzen fühlen?

Macht uns das Fühlen mit dem Herzen erst zu adäquaten Lebewesen?

Warum fühlen wir mit anderen mit?

Warum berühren uns oft andere Gefühle?

Wir sind komplex. Keinen Zweifel.

Oft haken wir in unserem Schubladendenken verschiedenen Gegebenheiten schnell ab, sodass wir Zeit haben uns wichtigeren oder anderen Themen zu widmen. Wir haben automatisiert bereits Filtermechanismen tief in uns eingeprägt. Doch wer sagt uns, dass diese auch immer gut sind und uns das passive System auf den richtigen Pfad führt?

Dem ist nicht so, denn unser aktives Denken entscheidet unser komplettes Leben. Wir müssen aktiv unser Denken lenken, sodass die passiven Denkmuster sich ebenfalls erweitern. Wir erschaffen unser Denken wie Piacasso seine Gemälde. Vom Tunnelblick kann man den Fokus auf das Panoramabild richten. Es ist der Fokus und die Zielsetzung.

Was ist einem wichtig und wann ist man bereit seine Augen mehr zu öffnen oder zu schließen?

In der heutigen Gesellschaft ist es unverzichtbar, dass wir ein schnelles Schubladendenken haben und die Sachen schnell abhaken. Dies schützt uns vor einem nicht aufhörenden Denkfluss. Doch vorsicht! Man sollte nicht zu voreilig agieren!

Ein tätoowierter Koch, kocht genauso gut, wie ein untätoowierter.

Ein etwas gelblicher Mensch ist nicht immer leberkrank, sondern kann auch von Natur aus, einen gelblichen Hautton besitzen.

Nicht jeder, der keine Zusammenhänge erkennt oder sein Leben nicht auf die Reihe bekommt, ist ein dummer oder erfolgloser Mensch.

Nicht jeder alte Mensch hat seine Zeit sinnvoll gelebt.

Wir verweilen oft in einem kognitven Stillstand und möchten diesen garnicht ändern. Die Meinung ist so festgesetzt und es erscheint so, als könnte man diese nicht mehr lösen.

Können wir wirklich dadurch wachsen, wenn wir im Tunnelblick verweilen?

Es ist bewusstseinserweiternd, wenn man das „Big Picture" (Gesamtbild) sieht und auch versteht.

Wir sehen die einzelne Blume und auch das gesamte Blumenfeld. Keine Blume ist gleich, doch alle sind sie wunderschön.

Menschen sind wie Blumen. Jede Blume ist anders und jede Blume wächst in eine andere Richtung. Es ist nicht von Bedeutung, in welche Richtung eine Blume wächst.

Es blüht jede Blume auf ihre eigene Weise, welches möglicherweise für die Nachbarblume nicht nachvollzogen werden kann. Dennoch blühen und verwelken beide in Harmonie gemeinsam und durchlaufen diesen Prozess erneut und erneut.

Wir können von der Natur sehr viel lernen.

Eigentlich können wir am meisten von uns selber lernen.

Wer sowohl Verstand als auch Herz öffnet und dies kombiniert, wird die Welt vollkommen wahrnehmen können.

Wer Verstand und/oder Herz verschließt, wird niemals zu einem vollen Glückgefühl geleitet.

Am wichtigsten ist es, dass man sich selbst nicht zu schnell in eine Schublade steckt. Lasst es nicht zu, dass ihr euch selbst, die Individualität oder Kreativität ausblendet!

Sucht nach euren Leidenschaften und verfolgt diese auch! In dieser Gesellschaft ist alles möglich und wenn ihr selber an euch glaubt, dann ist dies der erste Schritt in Richtung Zufriedenheit.

Es gibt nichts schöneres, als im Job oder im Familienleben ein Gleichgewicht von Verstand und Herzen zu haben. Jeder strebt dieses Leben an und jedem ist dies gewährt. Das einzige, was man dafür tun muss, ist an sich selber zu glauben und seine Träume zu verfolgen. Egal, wie andere Meinungen sind und egal, wie paradox es für Außenstehende klingen mag. Nur wer seine Träume lebt, wird stets das Leben leben, wofür dessen Seele brennt und wonach sie lechzt.

Höre auf dein Herz und benutze deinen Verstand oder höre auf deinen Verstand und benutze dein Herz.

Es führen viele Wege nach Rom. Nicht jeder nimmt die Hauptstraße. Diejenigen, welche die Hauptstraße nehmen, kennen auch nur dessen Umgebung. Wer die Seitenstraßen zum Ziel nimmt, kennt auch nur diese Umgebung. Schaue dir nicht nur einen Weg an. Denke nicht nur in eine Richtung, sondern versuche auch andere Wege kennenzulernen oder für diese offen zu sein. Nur so wird man auch andere besser verstehen oder andere besser seinen eigenen Weg verstehen lassen. Eines ist klar: Wir alle gehen einen Weg. Wir gehen ihn unaufhaltsam und lassen uns von nichts aufhalten. Denn das ist es, was wir tun. Wir kämpfen uns den Weg durch mit einer Sichel von Verstand und benutzen unser Herz, welches uns wie ein Kompass durch den dichtesten Wald hinaus führt.

Gemeinwohl destruktiv

Unsere Entscheidungen und unser handeln hat oft damit zu tun, wie die Allgemeinheit auf diese reagiert. Oftmals tun wir bestimmte Sachen oder Dinge nur, damit wir in der Allgemeinheit oder in der heutigen Gesellschaft anerkannt integriert werden. Wir führen oft auch bewusst negative Aktionen aus, obwohl wir wissen, dass dies nicht besonders klug oder effizient ist. Oft verhalten sich Menschen anders, wenn sie in Gesellschaft sind. Viele sind mutiger oder manche sind verklemmter. Die meisten Menschen jedoch wollen gesehen werden.

In der digitalen Welt fällt es den Menschen oft leicht, sich zu integrieren und den eigenen Charakter hervorzuheben.

Leider wird auch durch eine bestimmte Rangordnung oder durch ein bestimmtes Revierverhalten anderer Mitmenschen geschadet. Sowohl Mobbing als auch Cybermobbing spielen eine große Rolle und werden zunehmend zu einem Problem. Viele nutzen die soziale Hierarchieebene zum Nachteil und stellen sich über andere Mitmenschen. Sie machen andere aufgrund kleiner Fehler oder aufgrund einer anderen Individualität nieder, sodass sie sich besser oder erhabener fühlen und meist von ihren eigenen Fehlern gänzlich ablenken können.

Diese Menschen verschwenden meistens ihre Energie.

Viele Mitmenschen reagieren nicht auf solche Gegebenheit und möchten ihr Leben in Frieden leben.

Aufgepasst, Mobbing ist nicht nur aktiv sondern wird auch passiv ausgeübt. Bereits über andere reden oder tratschen, löst ein Schubladendenken bei dem Gesprächspartner aus. Jeder kennt im Zusammenhang das Sprichwort „Einen Floh ins Ohr setzen". Jeder ist sich auch dem Effekt der „stillen Post" bewusst. Es geht hierbei um diverse Manipulationen, welche zum Nachteil der Hauptperson in der Erzählung führt. Vielen Menschen ist das Ausmaß nicht bewusst.

Fallbeispiel

Peter sieht die neue Schülerin, welche erst neu hinzugezogen ist. Er verliebt sich auf den ersten Blick. Sein Mitschüler Timo sieht es und sagt ihm direkt, dass die neu Schülerin schon viel erlebt hat und mindestens das halbe Dorf, woher sie kommt gedated hat.

Peter ist schockiert und möchte die neue Schülerin im Anschluss garnicht mehr kennenlernen. Zwei Wochen später hat

Timo ein Date mit der neuen Schülerin. Es hat sich heraus gestellt, dass Timo nur gelogen hat, damit niemand ihm im Weg
steht. Peter hat der falschen Botschaft zuviel glauben geschenkt und geht am Ende leer aus.

Andere wiederum verletzt das Verhalten der Mitmenschen
enorm. Dies geht soweit, dass Menschen bereits Selbstmord
begangen haben, weil sie die Grausamkeiten der Mitmenschen
nicht mehr ertragen konnten. Manch anderer erlebt hierdurch
auch bleibende Komplexe, welche sie ihr Leben lang nicht vergessen und welche sich durch ihr ganzes Leben hindurch ziehen.

Jeder Mensch hat bereits aktives oder passives Mobbing erlebt.
Es ist nicht selten, dass die Menschen heutzutage Komplexe
haben. Die Menschen die zum Beispiel andere mobben oder
andere zur Schau stellen, sind sich oft garnicht über das Ausmaß bewusst. Heutzutage ist dies einfacher als es noch vor einigen Jahren war. Sie können anonyme Fakeprofile im Internet
schaffen und die verschiedenen Personen in sozialen Netzwerken mit Gemeinheiten attackieren ohne die eigene Identität
preiszugeben. Dies ist ein konstant zunehmendes Problem und
sorgt für sehr viel Destruktivität. Die Tyranneien der Ausfüh-
rer ist für diese nur teilweise zufriedenstellend. Sie werden oft
von den Mitmenschen gemieden, da diese keinen Mehrwert
bieten und nur sich selber in der Hierarchieebene pushen
möchten, obwohl sie dies durch solche Aktivitäten nicht erreichen. Sie werden zur „Gefahr" für andere Mitmenschen im kog-
nitiven Bereich und sie erhalten nicht mehr die volle Kommu-
nikationsebene, da sich die meisten nicht mit diesen Menschen
auseinandersetzen möchten.

Gemeinwohl konstruktiv

Es gibt zum Glück nicht nur Destruktives auf der Welt. Mit der Einführung des Internets und der immer steigenden Möglichkeiten für Synergien in sozialen Netzwerken oder in Foren, wird eine Vielzahl an konstruktiver Energie geschaffen. Viele verbinden sich bedingungslos und versuchen einander zu helfen. Hierbei ist zu erkennen, dass viele dies mit ihrem Herzen ausführen und anderen einen Mehrwert gönnen.

„Wer Gutes tut, dem widerfährt Gutes."

Nach diesem Motto sollten viele ihr Leben richten. Denn dadurch, dass man anderen hilft, erhält man selber Hilfe. Oft erwarten wir zuviel und geben viel zu wenig. Unsere Erwartungshaltung wächst stetig, ohne dass unsere Synergiehaltung mitwächst. Manche helfen anderen auch aufgrund eines Mehrwertes, wohingegen andere den Mitmenschen bedingungslos ohne Mehrwert helfen. Beide Varianten bringen jedoch die Mitwirkenden in die richtige Richtung, sodass sich ihr Synergiefeld erweitert. Heutzutage gibt es Whatsapp, Line oder Telegram Gruppen, welche nur auf Synergie und Teilen ausgerichtet sind. Es wird Content von anderen Menschen geteilt und gemeinsam in Synergieformen geliked, sodass die Beteiligten ins Immense wachsen können.

Ein gleiches Verfahren geschieht natürlich auch offline. Durch verschiedene Vereine, Tätigkeiten oder durch öffentliche Einrichtugen erhalten die Menschen oft einen Zusammenhalt, weil sie einer bestimmten Bestimmung nachgehen oder ein bestimmtes Ziel verfolgen.

Das Gemeinwohl erlebt man, wie der Name schon sagt, gemeinsam. In der Natur kann man dies gut durch andere Lebewesen erkennen. Schafe versammeln sich zu einer Herde, während sich Fische zu einem Schwarm zusammenschließen. Durch dieses Verhalten werden sowohl Verstand als auch das Herz ausgeprägt und erweitert. Es werden gemeinsam Entscheidungen getroffen und Hilfestellung geleistet.

Die Stärke wird multipliziert, sodass die Herde oft stärker ist als das einzelne Individuum.

Eigenwohl destruktiv

Derzeit existieren viele Gegebenheiten auf der Welt, welche es unerlässlich machen, dass wir auf uns selbst zählen können. Wir müssen durch unseren Verstand oft selber Kämpfe führen, in denen wir nicht mit der Allgemeinheit connecten (verbinden) können. Wir machen uns oft selbst zuviel Druck, Stress oder erwarten von uns selber zuviel, sodass wir stetig eher im Versagen, als im Erreichen verweilen. Wir erwarten soviel von uns selber, dass wir oft vergessen, uns selber zu feiern und unsere Erfolge zu teilen. Wir lassen uns zu sehr von der Allgemeinheit lenken und verlieren die Stärke alleine durch diverse Prozesse zu wachsen. Wir verlassen uns immer mehr auf das System und überlassen diesem stetig mehr. Die Beeinflussung von außen ist oft sehr groß und unser Verstand wird des Öfteren manipuliert, sodass wir unser Herz aus diversen Entscheidungen ausschließen und nur zum Beispiel auf das Geld schauen anstatt auf unsere Lebensqualität. Viele denken zum Beispiel, dass sie durch Schichtarbeit sehr viel Geld erhalten. Dies ist zwar primär richtig, jedoch geht hierbei sehr viel Lebensqualität und der natürliche Schlafrhytmus gänzlich kaputt. Da wir Menschen nicht für das Sitzen geschaffen sind, schadet dies unserer Skelettstruktur. Viele in Büros leiden unter diversen Hüft oder Rückenschmerzen. Oftmals wird eine Büroarbeit als sicher oder als besser verkauft. Dies ist nicht der Fall. Im Regelfall hat jede Arbeit seine Vor- oder Nachteile. Im Wesentlichen geht es um das eigene Wohlbefinden. Wir sollten uns selber nicht vormachen, dass wir glücklich sind, nur wenn es ein bestimmtes Unternehmen oder das Kollegium haben möchte. Wir sollten nur dann lächeln, wenn wir lächeln möchten. Jedoch auch dann weinen, wenn wir weinen müssen.

Eigenwohl konstruktiv

Alleingänger oder Menschen, die oft sehr isoliert sind, haben das Eigenwohl bereits sehr ausgeprägt. Sie brauchen oft keine Allgemeinheit und kommen in sehr vielen Situationen alleine klar.

Manche sind bereits so geboren und mögen es isolierter zu werden. Andere wiederrum sind durch die Allgemeinheit so geprägt worden, dass diese eine Zeit lang für sich Kraft schöpfen möchten.

Es ist unerlässlich, dass man alleine diverse Prozesse durchläuft und den Eigensinn ausprägt. Das Eigenwohl sollte jedoch nicht mit dem Allein sein assoziiert werden. Oftmals heißt das Eigenwohl sich auch genau das zu nehmen, was einem gut tut und nicht nur für die Allgemeinheit zu leben.

Man sollte sich selber etwas gönnen und wenn es nur ein Spaziergang oder eine Auszeit in der Sonne ist.

Die meisten Menschen leben in einer Mischform und können sowohl das Eigenwohl als auch das Gemeinwohl ausleben. Die Kombination und die Mischung macht das perfekte Ergebnis und wird unser Herz mit unserem Verstand erfüllen.

Es ist immens schön eine Person zu beobachten, welche alleine glücklich ist. Eine Person die mit dem Herz und mit dem Verstand im Reinen ist.

Im Umkehrschluss ist es genauso schön anzusehen, wie sich eine Gruppe zusammen tut und das Gemeinwohl auslebt. Es ist schön zu sehen wie sich andere Menschen helfen und zusammen glücklich sind. Als Außenstehender ist es nur halb so schön im Vergleich dazu, dies selbst zu erleben. Jeder kennt das Erlebnis nur zu gut eine Autopanne zu haben und jemanden zu finden, der dir möglicherweise eine sofortige Hilfestellung geben kann. Diese Erfahrungen vergessen wir oft unser ganzes Leben nicht. Kleine Impulse entscheiden oft unser Glück.

Das Wohl der Welt

Viele Kulturen und viele Urvölker gehen über das Eigenwohl und das Gemeinwohl hinaus. Hierbei geht es um das Wohl der Welt. Die Welt hat nicht nur uns als Mittelpunkt sondern besteht aus sehr vielen anderen schönen Organismen. Wir vergessen oft, dass diese Organismen zu unserem Lebensraum gehören und zu unserem Wohl beitragen.

Wälder und Organismen in den Ozeanen produzieren unseren Sauerstoff, der für uns lebensnotwendig ist.

Weiterhin filtern Berge und andere Erdschichten unser Trinkwasser seit tausenden von Jahren und bieten uns immer sauberes Quellwasser. Das Ökosystem und die Erde sind so perfekt miteinander verbunden, dass wir noch in einer Zeit leben, in der wir oft den Tunnelblick nur auf das Gemeinwohl der Menschen und dem Eigenwohl der Menschen verweilen lassen.

Wir müssen lernen, die Welt so zu behandeln, dass wir unseren späteren Generationen eine intakte Welt hinterlassen können. Wir laugen die Welt aus mit einem Lebensstil der nicht unserer Natur entspricht und uns immer weiter von der Natur ablöst. Dies muss geändert werden und es muss schnellstmöglich ein Umdenken stattfinden. Wir sind heutzutage zwar an der Wende, an der wir viele fossile Energien verbrauchen jedoch sind die Möglichkeiten auch viel besser, als jemals zuvor. Die Wissenschaft schreitet immer weiter voran und es werden neue Wege eingeleitet, sodass wir gemeinsam in einer wohlbehüteten Welt leben können.

Wir müssen wieder ein Zusammenleben mit der Natur lernen und auch hier eine Synergie erschaffen. Die Natur gibt uns hierbei endlose Möglichkeiten.

Leider verstehen viele Menschen nicht, warum nicht an jeder Ecke ein Apfelbaum oder ein Kirschbaum stehen kann, sodass jeder sich hier frei bedienen kann. In der freien Natur sind viel zu wenige Pflanzen oder Bäume vorhanden, sodass sich das Allgemeinwohl oder andere Lebewesen hieran kostenlos bedienen können. Es ist unbegreiflich, wieso dies nicht stattfindet und wieso das gesamte System nur auf Profit aus ist. Früher haben viele Haushalte ihren eigenen Nutzgarten gehabt und waren selbstständige Versorger. Nun haben viele Menschen einen Steingarten und versorgen sich ausschließlich durch die Konsumkonzerne. Eine Selbstversorgung wurde bei vielen eingestellt. Hierbei geht es nicht nur um Lebensmittel, sondern auch um das Gesundheitssystem oder um gängige Heilkräuter. Leider wird alles auf dieser Welt industrialisiert und zu Geld gemacht. Wir bezahlen mit unserer Lebenszeit für Dinge, die eigentlich frei sein sollten und die von Mutternatur kommen.

Generationen des Verstandes

Viele kennen alte Generationen und wir hören oft das zum Beispiel der Lehrer damals die Schüler drillen durfte oder das Schläge damals im Alltag normal waren und normale Erziehungsmethoden darstellten.

Zucht und Ordnung wurde über die Generationen hinweg immer mehr aufgelockert. Jede Generation hatte ein neues oder größeres Verständnis, wie unsere zukünftige Gesellschaft heranwächst. Sie selbst konnten leider nur ihre Erfahrungen mit in die Erziehung oder in die Erweiterung der Gesellschaft einfließen lassen. Die Mittel hierfür waren begrenzt.

Der Wandel, der immer mehr stattfindet, ist immens, sodass sogar die damals eher unterdrückten Frauen immer mehr an

Macht und Stimme gewinnen. Es ist ein Umdenken in der Gesellschaft. Dies bringt sowohl große Vorteile als auch Nachteile mit sich, weil sich hierdurch diverse Aufgaben anders verteilen und sich das typische Schubladendenken anders strukturiert.

Die Natur hat Mann und Frau erschaffen, um wie bei den Pflanzen oder anderen Lebewesen eine Fortpflanzung zu gewährleisten. Wir Menschen spielen jedoch seit geraumer Zeit eine Art Gott und greifen in die Natur des Menschens und in die Natur von anderen Lebewesen ein.

Wir experimentieren mit von gottgegebenen Komponenten mit oft großen Einbüßungen.

Zum Beispiel wurden Millionen für Gentechnik von Pflanzen ausgegeben, sodass diese resistent waren gegen gewissen Ungeziefer, da die Pflanzen ein bestimmtes Enzym produzierten. Nach einiger Zeit hat sich der millionenteure Prozess als gescheitert herausgestellt. Das Ungeziefer bzw. die Natur hat sich angepasst, und das Ungeziefer konnte das genmodifizerte Getreide essen.

Nun muss mehr Genmodifizierung stattfinden und es müssen sogar noch mehr Ungeziefervernichtungsmittel (Pestizide) als vorher eingesetzt werden. Es ist ein unaufhaltsamer und teurer Prozess geworden. Die Pestizide befinden sich nun in unserer Nahrung und verursachen diverse Krankheiten. Es wird immer mehr und wir werden hierbei direkt von der Schulmedizin abgeholt. Wie der Schulbus uns in die Schule fährt, so werden wir direkt mit den Krankheiten mit der passenden Lösung behandelt. Leider sind die Ursachen mit einem so großen Deckmantel verschleiert, dass sich niemand traut den großen Konzernen die Stirn zu bieten. Weiterhin ist wird sich hierbei niemand eingestehen, dass sehr viele Fehler der modernen Industrialisierung zuzusprechen sind.

Ähnlich ist die Beobachtung der neuen Menschenversuche in Bezug auf die Impfung gegen „Covid". Hier wird ganz klar deutlich, dass der menschliche Organismus sich stetig anpasst und es diverse Mutationen gibt. Dies wurde bereits bei der normalen Grippe beobachtet, welche sich im Laufe der Zeit ebenfalls immer angepasst und geändert hat, weshalb Grippeschutzimpfungen, wie wahrscheinlich auch Coronaschutzimpfungen, immer neu aufgefrischt werden müssen.

Wir können der Natur nur bedingt entrinnen und dies wird gerade in der heutigen Zeit immer deutlicher.

Illusion der Realitätswahrnehmung

Freiheit. Wenn man jemanden fragt: „Bist du frei?" wird er wahrscheinlich direkt antworten: „Bist du verrückt? Siehst du irgendwo Ketten? Natürlich bin ich frei!"

Doch sind wir wirklich frei?

Was heißt Freiheit für dich?

Man kann physisch oder auch psychisch Freiheit gelangen oder aber nicht.

Freiheit ist das höchste Gut der ganzen Welt. Eigentlich ist es ein Grundbedürfnis, direkt nach der Geburt.

Was ist, wenn man dir sagen würde, dass wir nie frei waren, sind oder werden?

Unser Verstand ist eine Informationsmaschine.

Woher erhalten wir Informationen?

Wer bestimmt unsere Informationen?

Sind Informationen die wahre Macht der Welt?

Werden uns Informationen vorenthalten?

Stimmen die Informationen, die wir bisher enthalten haben?

Wer bestimmt die Wahrhaftigkeit und die Richtigkeit der Informationen?

Wir alle wissen, dass die Kirche oder andere Institutionen sehr viel Wissen preisgeben oder aber auch nicht.

Erhalten wir wirklich alle Geheimnisse oder Informationen, die wir Menschen brauchen oder erhalten wir lediglich ein Kapitel aus einer ganzen Triologie?

Viele Menschen sind davon überzeugt, dass es ein verstecktes Wissen oder unterirdische Bibliotheken gibt, in denen immenses Wissen lauert, welches für den normalen Bürger nicht zugänglich ist.

Natürlich sind wir selber dafür Verantwortlich, wieviel wir lesen und wie sehr wir uns informieren. Manche Menschen haben keinen aktiven Informationsdrang, sondern lassen sich von den gängigen Institutionen berieseln, sodass alle auf den gleichen Rhythmus abgestimmt sind. Ja, sie reden sogar im Privaten oder auf der Arbeit über die gleichen Themen und wissen nahezu alle nur das Gleiche. Es ist Programmierung, ob dies nun einem gefällt oder nicht.

Wir werden gelenkt und viele sind auch vollkommen zufrieden damit, die komplette Verantwortung einem Regime oder Institutionen zu überlassen. Doch man sollte sich immer fragen, was sind die Beweggründe, warum es solche Systeme gibt.

Seit dem Fall von Babylon sagen viele, dass die Menschen der Versklavung entkommen sind. Doch das war die physische und sichtbare Versklavung. Mit der Entwicklung des Großhirns der Menschen wachsen auch die Möglichkeiten der Kontrolle. Es ist eine Gehirnwäsche oder eine Manipulation, die oft durch Propaganda, Zensur oder andere Mechanismen stattfinden.

Es wird uns eine Illusion vorgespielt, sodass wir denken, dass wir selbst noch entscheiden dürfen.

Dem ist nicht so. Wir sind psychische Sklaven der Gesellschaft.

Viele denken nur, dass sie frei sind. Es ist eine Traumblase, in der wir heutzutage leben. Wahre Freiheit sieht anders aus und das weiß auch jeder im tiefen Selbst.

Wir werden schon im Kindesalter zum Kindergarten gedrängt. Es geht weiter mit Schule und dann im Anschluss Lehre, Studium und Arbeit.

Diese Mechanismen sind vollkommen in Ordnung, doch sind sie allesamt auf einem falschen System erbaut.

Ein System, welches es wagt, den einzelnen Menschen zu bewerten.

Jetzt werden natürlich einige aufhorchen und denken: „Mich kann man nicht bewerten, ich bin unbezahlbar!". Dies ist weit gefehlt. Die meisten Menschen kann man bereits mit einer einfachen Exceltabelle komplett bewerten bzw. berechnen. Hierbei kann man Lebenszeit, Energie sowie Kosten und Lebenszeit auf die geschätze Lebenserwartung berechnen. Hierzu braucht man nur das Lebensalter, Fixeinkommen, variables Einkommen, Fixkosten sowie variable Kosten. Weiterhin sind Steuern und möglicherweise Provisionen hinzuzurechnen.

Wir sind regelrecht gefangen in einem System, womit wir uns zufrieden geben müssen, denn derjenige, welcher aussteigen möchte, dem ist alles verweigert und er landet auf der Straße mit nichts. Hierbei kann man so schlau sein, wie man möchte. Wer sich dem System nicht fügt, erhält regelrecht nichts. Doch das wissen wir bereits alle.

Wir leben in unserem kleinen Schutzschild, welches sich Komfortzone nennt. Wir lassen regelrecht nur Gefühle und Informationen bis zu einer gewissen Schwelle zu. Dies ist unser normaler Schutzmechanismus. Sofern dieser gestört wird, werden wir oft wahnsinnig oder können die Realität garnicht mehr fassen.

Wenn man zu sich komplett ehrlich ist und sich die Geschichtsbücher und die Zukunft anschaut, erkennt man schnell, dass diese Welt nicht vom heiligen Samarita erschaffen wurde. Sie ist durch viel Blut, Schweiß, Krieg, Zerstörung, Ausnutzung und Tötung entstanden.

Dieser Prozess kann nicht für die Ewigkeit anhalten, denn die Ressourcen sind nicht unendlich. Für das heutige System sind auch wir Menschen nur Ressourcen und Gebrauchsgüter. Wir sind die unterste Schicht.

Nach der Exekutive kommt der Bürger (moderner Sklave). Vor der Exekutive steuert die Judikative inwiefern das System kollabiert oder expandieren darf. Dies wird alles durch die Legislative geregelt und es werden natürlich rosige Versprechen für die Unterschichten entworfen, sodass diese sich auch dem System fügen.

Doch bei der Legislative endet die Hierarchiebene noch lange nicht.

Als das ganze System noch in der Planung war, gab es verschiedene Königreiche deren Blutlinien bis heute fortgeführt werden. Nun fragt man sich natürlich, wie geht das eigentlich. Wer war zuerst, das System oder der Bürger? Wie haben die Bürger das System erbaut und warum sind manche priveligierter als andere?

Was ist überhaupt Adel und warum hatten diese Menschen damals sowie heute riesige Anwesensowie Besitztümer. Was unterscheidet diese Menschen von dem Rest der Welt und warum ist es ihnen gestattet uns zu lenken?

Ist es fair, in einem System geboren zu werden, indem manche bereits Millionen vererbt bekommen, während andere sich niemals diese Millionen in ihrem Leben erarbeiten können?

Ist es fair das 3% derjenigen, die den größten Reichtum besitzen, das komplette System beherrschen?

Im geheimen fühlen wir uns doch alle schon lange verarscht von diesem System.

Doch mittlerweile erwachen immer mehr Menschen. Sie sehen die Ungerechtigkeit, welche auf der Welt herrscht. Sie erwachen und sehen, dass wenn man alle Reichtümer gerecht aufteilen würde, kein Mensch mehr an Hunger leidet und jeder Mensch glücklich leben könnte.

Sie haben den Anfang geschaffen und ein System eingeführt, welches uns kontrolliert. Sie steuern Geldfluss, Informationsfluss und vieles mehr. Jeder der dem System folgte, wurde damals verschont. Alle anderen mussten sich unterwerfen, bis zum Ende alle dem System angehören oder aber umgebracht werden. Die Kreuzzüge oder große Kriege haben viel Wissen und Macht eingebracht, sodass es erst möglich war, eine solche Struktur zu errichten. Diese Struktur wurde gewiss nicht durch Nächstenliebe geschaffen.

Damals stürmten die Bürger die Burg mit einer Mistgabel und wussten wer ihnen das Leid zufügt und wie sie es stoppen. Ein gutes Beispiel war die französische Revolution. Heutzutage weiß man garnicht mehr womit und wohin man rennen soll, denn die Kontrolle ist nun auf einem ganz anderen Level. Und der Widerstand basiert eher auf einem Informationskrieg.

Uns wird suggeriert wir leben in einer Realität die wir wie ein Teller spaghetti aufgetischt bekommen. Entweder essen wir diesen oder wir verhungern. Entweder nehmen wir das gekochte Produkt oder wir nehmen es nicht. Uns ist es verwährt ein eigenes Gericht zu kochen.

Viele können sagen, sie haben einen offenen Verstand und sind intelligent, weil sie sich einem Thema besonders hingeben oder, weil sie einer Idee besonder nachgehen. Doch die Vorentscheidung wurde für unser Leben schon getroffen. Das hat auch nichts mit Gott zu tun. Denn Gott gewährt uns zugang zu allem. Was wir denken dürfen oder wie wir uns bewegen dürfen, wurde alles bereits im System festgesetzt. Wenn du nun anderer Meinung bist, dann frag ich mich, wieso gehst du vorwärts und nicht rückwärts.

Alles was richtig ist und was falsch ist wurde auch schon entschieden. Warum ist es falsch einen Menschen zu töten und warum ist es richtig Nutztiere zu töten, während wir andere Tiere wie Katzen als Haustiere halten?

Ja, die Welt ist ziemlich paradox und die Wirklichkeit ist nicht unsere Realität. Die Wirklichkeit weiß nichtmal das System. Während sich die Realität für uns und andere Lebewesen sowohl stetig ändert als auch komplett anders für jedes Individuum darstellt, ist die Wirklichkeit bereits infinitiv und wird uns im richtigen Sinne nie komplett erreichen. Die Wirklichkeit zu verstehen, würde bedeuten, dass wir das komplette Sonnensystem, unsere Herkunft, unseren Schöpfer und den Schöpfer der Galaxien sowie noch viel komplexeren Themen die uns nie zugänglich sein werden, erklären können. Denn das ist die Wirklichkeit. Alles andere ist eine Realität, welche wir mit unseren 7-Sinnen erschaffen, verändern, erweitern oder steuern.

Es werden immer neue Erkenntnisse gewonnen und es werden immer neue Fragen auf uns zukommen, sodass wir stetig unsere eigene Realtität verändert haben.

Es wird bereits im Labor 10 Jahre früher eine Sache erschaffen, welche dann unsere Zukunft bestimmen wird.

Es werden möglicherweise gerade heute Technologien erschaffen, welche die Menschheit in ein paar Jahren komplett verändern werden.

Wir alle kennen die Zeit von Windows 97 und wer hätte da an Smartphones oder an Tablets gedacht? Wer hätte gedacht, dass es bald Drohnen gibt, die fliegen können oder das es selbstfahrende Autos gibt?

Wir leben in einem sich ständig ändernden System, in einer sich ständig ändernden Natur. Wie wir sie erleben, können wir zwar nicht selbst entscheiden, doch wir können den Maßstab der Anpassung und der Gefügigkeit entscheiden.

Möglicherweise erleben wir auch noch einige Systemwechsel, welche unsere Lebensformen ebenfalls noch sehr prägen werden.

Das wichtigste ist, dass wir immer einen kühlen Kopf bewahren und ein warmes Herz. Wir unterscheiden uns nicht, da wir alle eins sind.

MIX

Papier | Fördert
gute Waldnutzung

FSC® C083411

Zeitfracht Medien GmbH
Ferdinand-Jühlke-Straße 7
99095 Erfurt, Deutschland
produktsicherheit@kolibri360.de